Notice Nécrologique

SUR

M. André PIPAUD

1882

Notice Nécrologique

SUR

M. André PIPAUD

1882

Notice Nécrologique

SUR

M. André PIPAUD

Toute la commune de Bussière-Dunoise (Creuse) était naguère en deuil. Elle conduisait à sa dernière demeure l'un de ses plus illustres enfants, M. André Pipaud, ancien entrepreneur de chemins de fer, mort à l'âge de soixante-six ans, dans toute sa maturité d'esprit et après avoir eu une vie des plus honorables et des mieux remplies.

A peine âgé de quinze ans, M. Pipaud quittait son village de Langledure et allait à Paris pour y travailler comme simple manœuvre. Aussitôt que ses forces le lui permirent, il se fit ouvrier tailleur de pierres et devint promptement un appareilleur distingué. C'était alors en 1845, au moment où les chemins de fer prenaient cet essor qui depuis ne s'est plus arrêté. La France allait se couvrir de travaux d'art qui nécessitaient le concours de ses meilleurs ouvriers. On ne pouvait manquer de faire appel à l'appareilleur habile qu'on avait vu à l'œuvre dans Paris. M. Pipaud fut donc choisi pour conduire et surveiller d'importants travaux; il montra dans l'accomplissement de cette tâche une aptitude qui fit présager l'avenir qui lui était réservé. Mais le rôle de surveillant ou de conducteur, quelque grande que fût la rémunération qu'il en retirait, était trop étroit pour lui, aussi devint-il bientôt, par la force des choses, l'ami et l'associé de son patron, du regretté M. Klein. Par son activité, son intelligence et son affabilité, M. Pipaud attira sur lui l'attention de l'illustre ingénieur Jullien qui en fit son protégé. Dès ce moment sa fortune était sinon faite du moins assurée.

Il serait trop long d'énumérer ici tous les grands travaux exécutés par M. Pipaud dans l'Yonne, dans le Jura et en Suisse. On ne saurait, cependant, s'empêcher de rappeler la part qu'il prit à la construction du beau viaduc de Brunoy, qui, par son élégance, sa hardiesse et sa solidité, fait aujourd'hui l'admiration de tous les hommes compétents.

Dans le cours de sa longue carrière d'entrepreneur, M. Pipaud, dont le fond du caractère était empreint d'un grand esprit de justice, sut, chose rare, s'attirer et se concilier l'affection de ses nombreux ouvriers. Il aimait et aidait surtout ses compatriotes. Aussi combien d'entre eux lui doivent aujourd'hui une aisance relative, et combien d'autres enfin, pour lesquels il était un exemple vivant de ce que peut faire un ouvrier intelligent, sont en ce moment sur la voie de la fortune. A ce point de vue, les habitants de la commune de Bussière devront conserver de lui un éternel et reconnaissant souvenir.

Si M. Pipaud avait l'intelligence des grandes affaires, il avait aussi, il faut bien le reconnaître, les qualités du cœur; il possédait surtout, à un suprême degré, le culte de la famille. C'est cette affection vive pour les siens, affection qui ne s'est jamais démentie un seul instant, qui le détermina à mettre des bornes à une ambition cependant bien légitime et à se retirer des affaires avant l'âge. Il avait hâte de faire jouir ses vieux parents du bonheur que peut procurer la fortune. Dans ce but, il éleva, malgré de grandes difficultés d'exécution, sur l'emplacement même de la modeste chaumière dans laquelle il était né, une superbe maison. C'est dans cette demeure, qui lui rappelait de si doux souvenirs, qu'il espérait passer des jours heureux, au milieu de sa famille. Hélas! sa joie fut de courte durée. Frappé à diverses reprises dans ses plus chères affections, il vit ses rêves s'évanouir.

Découragé par tous ces malheurs, M. Pipaud s'appliqua à faire tout le bien possible autour de lui. Sa charité inépuisable s'exerçait sur une large échelle, sous toutes les formes et à chaque instant. Que de beaux traits l'on pourrait citer, s'il était permis de descendre dans les détails!

Sa générosité, chaque fois qu'on y faisait appel, n'a également jamais fait défaut à la commune de Bussière.

S'agissait-il de doter le village de Langledure d'une route, de créer à Bussière une compagnie de pompiers ou de célébrer un anniversaire quelconque, on le trouvait toujours prêt aux plus larges sacrifices. Ce n'est pas tout : M. Pipaud nourrissait, dit-on, de grands projets pour son pays. Il voulait, entre autres choses, faire élever dans le village même de Langledure un hôpital où dix vieillards, invalides du travail, auraient trouvé une retraite assurée. Le temps lui a manqué pour l'accomplissement de cette belle œuvre. Aussi sa mort est-elle regardée comme un malheur public; c'est, du reste, l'expression de ce sentiment qu'on retrouvait dans toutes les bouches le jour de ses funérailles.

C'est au moment où M. Pipaud méditait tous ces projets que la maladie lui fit sentir ses premières atteintes. La marche de cette maladie a été lente; aussi croyait-on et espérait-on qu'avec le secours de la science médicale et surtout avec les soins toujours assidus et empressés d'une épouse aujourd'hui inconsolable, il pourrait, étant doué d'une forte constitution, surmonter le mal et revenir à la santé. Hélas ! il devait en être autrement. Dans sa longue et douloureuse maladie, M. Pipaud, qui ne se faisait pas illusion sur sa position, a toujours montré une résignation exemplaire ; son visage ne trahissait aucune préoccupation ; toujours gai et affable, on ne l'entendait jamais se plaindre. Il a vu venir la mort sans aucune appréhension et avec un calme qui n'appartient qu'à une conscience nette, qu'à un honnête homme. On peut donc dire de lui qu'il a appris à ses concitoyens à savoir vivre et à savoir mourir.

Il s'effrayait si peu de la mort que, dans le pressentiment de sa fin prochaine, on le voyait, à la veille même de mourir, présider avec une minutieuse attention à la construction d'un magnifique caveau de famille qu'il a fait élever au milieu du cimetière de Bussière. C'est dans ce caveau où, descendu le premier, il repose aujourd'hui, en attendant que viennent se ranger autour de lui ceux qu'il a tant aimés.

Un Ami.

Paris. — Imprimerie Chaix, 20, rue Bergère. — 9066-2

Paris. — Imprimerie Chaix, 20, rue Bergère. — 9068-2.

www.ingramcontent.com/pod-product-compliance
Lightning Source LLC
Chambersburg PA
CBHW070435080426
42450CB00031B/2668